FOYERS
ET
COULISSES

HISTOIRE ANECDOTIQUE

DE TOUS LES THÉATRES DE PARIS

COMÉDIE-FRANÇAISE

TOME 1er

AVEC PHOTOGRAPHIES

PARIS
TRESSE, ÉDITEUR
GALERIE DE CHARTRES, 10 ET 11
PALAIS-ROYAL

MDCCCLXXIV
Tous droits réservés.

FOYERS & COULISSES

CINQUIÈME LIVRAISON

COMÉDIE-FRANÇAISE

TOME Ier

EN VENTE :

LES BOUFFES-PARISIENS

LES FOLIES-DRAMATIQUES

LES VARIÉTÉS

LE PALAIS-ROYAL

SOUS PRESSE :

LE GYMNASE

LE VAUDEVILLE

Paris. — Richard-Berthier, 18 et 19, pass. de l'Opéra

FOYERS
ET
COULISSES

HISTOIRE ANECDOTIQUE DES THÉATRES DE PARIS

COMÉDIE-FRANÇAISE

TOME PREMIER

1 franc 50

AVEC PHOTOGRAPHIES

PARIS

TRESSE, ÉDITEUR

10 ET 11, GALERIE DE CHARTRES

Palais-Royal

1874

Tous droits réservés

LA COMÉDIE-FRANÇAISE
(1680-1874)

I

LA COMÉDIE-FRANÇAISE DE 1680 A 1687

La Comédie-Française est le plus ancien et le plus illustre théâtre de France, aussi bien par la variété et la richesse de son répertoire que par la suite, non interrompue, de ses traditions. Deux grands génies, dont les ouvrages sont antérieurs à sa constitution officielle, Corneille et Molière, doivent être considérés comme les véritables créateurs de la Comédie-Française. Ils ont rendu, en effet, son institution possible, en lui léguant, dans les deux genres que le Théâtre-Français devait surtout exploiter, et qui assuraient à l'avance sa durée et sa gloire — la tragédie et la comédie — les plus purs et les plus immortels chefs-d'œuvre.

C'est en 1689 que « l'hôtel des Comédiens du Roi, entretenus par Sa Majesté, » prit définitivement le titre de *Comédie-Française*. Toutefois, c'est à l'année 1680 qu'il convient de faire remonter l'origine de la Comédie-Française. Avant cette époque, il existait trois théâtres à Paris : 1º le théâtre du Marais ; 2º la troupe de l'hôtel de Bourgogne ; 3º celle du Théâtre-Guénégaud (1).

C'est le 25 août 1680 qu'eut lieu officiellement la réunion de ces deux dernières troupes en une seule (2), ainsi que le constatent les registres conservés aux archives de la Comédie-Française. « L'in-
» tention de Sa Majesté étant, dit le regis-
» tre, qu'il n'y eût plus dorénavant à Paris
» que cette seule Compagnie.... aujour-
» d'hui la jonction des deux troupes est
» faite, et messieurs de l'hôtel de Bourgo-
» gne ont représenté avec nous, dimanche
» 25 août, *Phèdre* et *les Carrosses d'Or-*

---

(1) Ce théâtre était situé entre la rue des Fossés-de-Nesles, devenue la rue Mazarine, et la rue de Seine, sur l'emplacement du passage actuel du Pont-Neuf.

(2) La fusion des deux troupes avait eu lieu, par le fait, le 9 juillet précédent par une représentation solennelle de *Tartufe*.

» *léans* (1). » La recette de cette première soirée fut de 1,424 £. 5 s.

L'édit royal qui ordonna la réunion des deux théâtres est daté de Versailles, le 22 octobre 1680. C'est une lettre de cachet adressée par le roi au lieutenant général de police et contresignée Colbert (2). Elle donnait au nouveau théâtre le privilége exclusif de jouer des comédies et des tragédies. Les comédiens furent, en outre, autorisés à former une société et à passer entre eux des actes d'union qui se sont perpétués jusqu'à nos jours. Le premier de ces actes fut « un contrat de société » dressé devant notaires le 5 janvier 1681. Le théâtre du Marais ayant été supprimé dès l'année 1673, le Théâtre-Français fut le seul qui existât alors à Paris. Il donna ses représentations à l'hôtel Guénégaud, et obtint rapidement la faveur du public.

L'année suivante, l'état régulier de la troupe fut réglé par une nouvelle lettre de cachet, qui fixa à 27 « le nombre des comédiens et des comédiennes du Théâtre-Français. » Voici, d'après le premier re-

---

(1) Comédie en un acte de La Chapelle, jouée pour la première fois le 9 août.

(2) Cette lettre de cachet figure intégralement dans l'ouvrage de Des Essarts, avocat au Parlement, *Les trois Théâtres de Paris*, chez Lacombe, libraire, Paris 1777. (Voir l'Appendice I.)

gistre journalier des représentations du théâtre (1), le tableau de la troupe en 1681 :

La troupe est composée de 21 parts 1/4, savoir :

MM. De Champmeslé.	Mmes De Champmeslé.
Guérin.	Guérin.
De la Grange.	De la Grange.
Verneuil.	Guyot.
Rosimont.	Du Croizy.
Du Croizy.	Dupin.
Hubert.	De Brie.
Beauval.	Beauval.
Baron.	Baron.
Raisin.	D'Ennebaut.
Hauteroche.	Raisin.
La Thuillerie.	Lecomt
Poisson.	
De Villiers.	
Dauvilliers.	

Enfin, en 1682, le 24 août, le Roi accorde à ses comédiens une pension annuelle de 12,000 livres ; c'est la première subvention (2). Il fut en même temps décidé

(1) Registre pour les seuls comédiens du Roy, commencé après Pasques le lundy 14ᵉ avril 1681 et finy le mardy 17ᵉ mars 1682.
(2) Je trouve, sur le registre de l'année 1682, la copie de l'ordonnance de paiement pour les six derniers mois de la pension de cette même année : (Voir aussi l'Appendice II.)
Garde de mon trésor royal, M. Gédéon du Metz,

que le paiement des droits d'auteur serait prélevé sur les recettes journalières aux lieu et place du « forfait » qui avait, jusqu'à ce jour, été en usage.

Le prix des places ne permettait pas alors de bien fortes recettes, et les droits d'auteur étaient par cela même peu élevés. Jusqu'en 1699, le tarif des entrées au théâtre fut le suivant :

Premières loges.................. 3 livres.
Deuxièmes loges (loges hautes).. 1 l. 10 s.
Troisièmes loges (3ᵉ rang)....... 1 l.
Parterre......................... 15 s.

La Comédie-Française donna ses représentations à l'hôtel Guénégaud jusqu'au mois d'avril 1689. Pendant cette période, elle représenta 84 pièces nouvelles (1).

payez comptant à la troupe de mes comédiens français, la somme de 6,000 livres que je lui ai accordée pour leurs pensions, pendant les six derniers mois de l'année 1682.

Fait à Versailles, le 6ᵉ jour d'avril 1683.

Signé : Louis.

Et plus bas :

Signé : Colbert.

(1) J'ai relevé sur les registres journaliers des représentations de la Comédie française, la liste complète des pièces nouvelles jouées depuis 1680 jusqu'à nos jours.

C'étaient, entre autres, *Tarquin*, tragédie de Pradon (9 janvier 1682); *Virginie* de Campistron (12 février 1683); le *Mercure galant* de Boursault (5 mars 1683) ; *Ragotin*, 5 actes, en vers, de La Fontaine (21 avril 1684); les *Enlèvements* de Baron (6 juillet 1685); le *Florentin* de La Fontaine (23 juillet 1685) ; *L'Homme à bonnes fortunes* de Baron (1) (31 janvier 1686); le *Chevalier à la mode* de Sainctyon et Dancourt (24 octobre 1687); la *Coupe enchantée* de La Fontaine (16 juillet 1688); la *Dame à la mode ou la Coquette* de Dancourt (3 janvier 1689), etc., etc.

(1) M. Jules Bonnassies a donné une édition spéciale de cette jolie comédie avec une notice très-détaillée sur son auteur (un vol. in-18, dans la collection Jannet, à la librairie E. Picard, Paris, 1870).

II

LA COMÉDIE-FRANÇAISE DE 1687 A 1770

Le 20 juin 1687, la Comédie-Française reçut l'ordre de chercher une autre salle pour y donner ses représentations, à cause de sa proximité avec le collége des Quatre-Nations, qui allait s'installer dans le palais de ce nom, et qui ne voulait point du voisinage des comédiennes et des comédiens. Il faut lire, dans l'excellent travail de M. Despois : *le Théâtre-Français sous Louis XIV* (1), le récit des tribulations sans nombre qu'eut alors à subir la Comédie-Française. La difficultueuse opération de sa translation forcée exigea, en effet, un très-long délai; c'est seulement le 16 mars 1688, qu'un arrêt royal (2) autorisa les comédiens à s'établir au Jeu de Paume de l'Etoile, rue des Fossés-Saint-

---

(1) Un vol. in-18, chez Hachette, Paris, 1874. Lire le chapitre II du livre IV, page 227.

(2) On trouve dans le *Dictionnaire critique* de Jal (Henri Plon, Paris 1867), le texte intégral de cet arrêt. Voir l'article « Comédie Française », page 408.

Germain-des-Prés. Il fallut plus d'un an pour ériger la nouvelle salle (1), qui ne fut même que « légèrement bastie », et enfin, le 16 avril 1689, l'inauguration en fut faite par *Phèdre* et *le Médecin malgré lui*. (Recette : 1,870 l.).

Nous trouvons dans une requête, adressée au roi par les comédiens, en 1699, au sujet de la fondation de la Comédie-Italienne, dont ils redoutaient et voulaient prévenir la concurrence, l'indication de la somme dépensée par le théâtre pour sa nouvelle installation.

« Les comédiens n'ont quitté l'hôtel de
» Bourgogne que par l'ordre de Votre
» Majesté ; c'est aussi par ordre de Votre
» Majesté qu'ils ont quitté l'hôtel Guéné-
» gaud et qu'ils se sont engagés dans un
» établissement qui leur coûte 200,000 li-
» vres et leur tient lieu, par conséquent,
» de 10,000 livres de loyer par an... »

La création de la Comédie-Italienne, qui fut autorisée par édit royal, malgré la vive opposition des comédiens français, ne fut pas aussi préjudiciable à leurs inté-

---

(1) Le Café Procope est tout-à-fait vis-à-vis la maison bâtie sur l'emplacement de cette salle et qui porte aujourd'hui le n° 14 de la rue de l'Ancienne-Comédie. Cette maison montre encore des restes de sculptures ayant servi à l'ornementation de la façade du théâtre.

rêts qu'on avait pu le croire tout d'abord. La rivalité qui exista entre les deux scènes donna lieu, des deux parts, à une grande émulation, et la Comédie-Française fut obligée de vivre un peu moins sur son répertoire et d'appeler aussi à elle les auteurs nouveaux que le théâtre voisin mettait en évidence.

La nouvelle salle de la rue des Fossés pouvait contenir, nous dit M. Jules Bonnassies (1), et « grâce au parterre debout, 1,500 à 2,000 personnes. » M. Eug. Despois, dans son ouvrage déjà cité, trouve ce chiffre exagéré, la salle actuelle ne pouvant recevoir plus de 1,500 spectateurs (*Le Théâtre-Français sous Louis XIV*, page 362, à la note). Les recettes étaient toutefois insuffisantes, puisque, en 1699, le roi ayant obligé les comédiens à payer, au profit des hospices, un droit prélevé sur le produit de leurs représentations, ils durent, ne pouvant eux-mêmes en supporter la charge, l'imposer au public par une augmentation du prix de leurs places (2) :

---

(1) *Notice historique sur les anciens bâtiments de la Comédie-Française*, Aubry, Paris 1870.
(2) Ils avaient d'abord doublé seulement le prix de leurs places aux premières représentations.

Les premières loges furent augmentées de 12 sous ;

Les deuxièmes loges de 6 sous ;

Les troisièmes de 4 sous ;

Le parterre de 3 sous.

Sous Louis XV, la subvention que le roi donnait à la Comédie fut doublée. Le nouveau roi (1) se montra d'ailleurs, en toutes circonstances, très-généreux et bienveillant pour les comédiens français. En 1758, il paya les dettes arriérées du héâtre, lesquelles se montaient au chiffre, énorme alors, de 276,000 livres (2).

La Comédie-Française donna ses représentations dans la salle de la rue des Fossés jusqu'en 1770. Elle y séjourna donc pendant plus de quatre-vingts ans. Ce fut certainement l'époque la plus brillante de son histoire ; c'est alors que se produisirent ses acteurs les plus illustres dans des œuvres littéraires d'une haute valeur

---

Le nouveau droit imposé aux comédiens était assez élevé, étant d'un sixième sur la recette ; c'est l'origine du droit des pauvres, qu'on a tant de fois combattu jusqu'à nos jours et qui a cependant toujours survécu.

(1) Sous son règne, c'est le duc de Richelieu qui a la haute main sur la Comédie et qui en est, en quelque sorte, le grand surveillant général.

(2) Registres du Conseil d'Etat du Roi (17 juin 1758).

et qui ont constitué la meilleure partie du répertoire.

Voici, dans l'ordre chronologique, la nomenclature des comédiens qui ont alors brillé sur la scène française (1).

MM.	Mmes
1686. — Poisson (Paul).	1692. — Dancourt.
1692. — Beaubourg.	1693. — Duclos.
1701. — Sallé.	1695. — Lavoy.
1702. — Legrand (Marc-Antoine).	1697. — Champvallon.
1702. — Dangeville (Claude-Charles).	1699. — Desmares.
	1699. — Mimi Dancourt
1704. — Poisson (Phil.)	1704. — Sallé.
1712. — Quinault.	1708. — De Nesle.
1712. — Dumirail.	1713. — Lachaise.
1722. — Champvallon.	1717. — Lecouvreur (Adrienne).
1722. — La Thorillière.	
1724. — Arm. Huguet.	1719. — Jouvenot.
1725 — Poisson (François-Arnould).	1727. — Balicourt.
1729. — Grandval.	1729. — Desbrosses.
1729. — Sarrazin.	1730. — Dangeville.
1730. — Dangeville (Charles-Etienne).	1731. — Gaussin.
	1734. — Grandval.
1733. — Fleury (Liard).	1737. — Dumesnil.
1741. — Baron (François).	1743. — Clairon.

(1) Je donne ci-après l'époque de leur entrée au théâtre. Beaucoup, bien que figurant dans la période qui se termine à 1770, ont brillé, longtemps encore, dans la période suivante.

MM.	Mmes
1742. — La Noue.	1750. — Brillant.
1750. — Lekain.	1757. — Préville.
1752. — Bellecour.	1761. — Lekain.
1753. — Préville.	1761. — Dubois.
1758. — Brizard.	1764. — Doligny.
1761. — Molé.	1764. — Luzy.
1762. — D'Auberval.	1765. — Fanier.
1763. — Bouret.	1768. — Dugazon.
1763. — Auger.	1769. — Vestris.
1766. — Feulie.	
1769. — Dalainval.	

Dans cette même période, le répertoire de la Comédie-Française s'enrichit de 576 pièces nouvelles. Les noms les plus illustres dans la littérature de la fin du xviie siècle à la dernière moitié du xviiie figurent dans la liste de ces pièces (1) : Dancourt, Baron, La Fontaine, Brueys et Palaprat, Boursault, Hauteroche, Campistron, Du Fresny, Champmeslé, Lagrange-Chancel, Longepierre, Regnard qui débute par le petit acte de la *Sérénade* (3 juillet 1694), Rousseau (J.-B.), se produisant au théâtre avec un petit acte, en prose, le *Café* (2 août 1694), l'abbé Boyer, Lafosse, Le Sage, dont la première pièce, le *Point d'honneur*, co-

(1) Je donne ici les noms principaux dans l'ordre chronologique des pièces représentées.

médie en cinq actes (3 février 1702), est aujourd'hui parfaitement oubliée; Danchet, Crébillon, Le Grand, Destouches qui donne sa première pièce, le *Curieux impertinent*, cinq actes, en vers (17 novembre 1710); Voltaire, dont la première œuvre dramatique, *Œdipe* (18 novembre 1718), est un triomphe; Marivaux, qui prélude à ses comédies, si vives et si brillantes, par une grosse tragédie, en cinq actes, dont, depuis longtemps, personne ne se souvient plus, *Annibal* (16 décembre 1720); Saint-Foix, Boissy, Poisson, d'Allainval, dont l'*Ecole des Bourgeois* (20 septembre 1728), restera toujours au répertoire; Piron qui fait jouer, le 10 octobre 1728, les *Fils ingrats* ou l'*Ecole des Pères*, en attendant la *Métromanie* (10 janvier 1738); Moncrif, Lachaussée qui inaugure un nouveau genre à la Comédie-Française, où il donne les premiers drames qu'on y ait joués : *La Fausse Antipathie* (2 octobre 1733) et le *Préjugé à la mode* (3 février 1735); Lefranc de Pompignan, Gresset, dont la tragédie, *Edouard III* (22 janvier 1740), ne faisait guère pressentir l'œuvre charmante qu'il devait donner le 27 avril 1747, le *Méchant;* Saurin, Laplace, Marmontel qui fait jouer, à vingt ans, et avec un certain succès, sa tragédie de *Denys le Tyran* (5 février 1748); Vadé, Mme de Graffigny,

Desmahis et son *Impertinent* (25 août 1750), Palissot, Guimond de la Touche, Colardeau, Lemierre qui débute par sa meilleure tragédie, *Hypermnestre* (31 août 1758), Poinsinet, Diderot avec le drame doctrinaire du *Père de Famille* (18 février 1761), Belloy, Rochon de Chabanne, Collé, Favart, Laharpe, le critique célèbre, dont la première pièce, le *Comte de Warwick* (7 novembre 1763), est demeurée de beaucoup la meilleure; Barthe, Champfort, avec la *Jeune Indienne* (30 avril 1764); de Belloy qui, le premier, traite au théâtre des sujets nationaux, et dont le *Siége de Calais* (13 février 1765) obtint un succès patriotique qui fut considérable (1); Calhaiva, Sedaine, déjà connu au Théâtre-Italien, lorsqu'il donna sa première et sa meilleure pièce aux comédiens français, le *Philosophe sans le savoir* (2 novembre 1765); Beaumarchais qui avait déjà tant fait parler de lui ailleurs qu'au théâtre, et dont la première pièce, *Eugénie*, drame en cinq actes (29 janvier 1767), est encore aujourd'hui au répertoire (2); Denon, et

---

(1) *Le Siége de Calais* est la troisième pièce donnée par de Belloy au Théâtre-Français. Les deux premières, imitées de Métastase, *Titus* (28 février 1759) et *Zelmire* (6 mai 1762), n'avaient pas eu de succès.

(2) Sa dernière reprise date de 1863.

enfin Ducis, dont l'heureuse imitation d'*Hamlet* (30 septembre 1769) obtient u prodigieux succès.

III

LA COMÉDIE-FRANÇAISE DE 1770 A 1782

Vers la fin du règne de Louis XV, en 1770, la salle de la rue des Fossés menaçant ruine, la Comédie-Française obtient l'autorisation de donner ses représentations dans la salle de spectacle que Vigarani avait élevée dans le palais des Tuileries, en 1671. Elle y débuta le 23 avril 1770, et y demeura jusqu'en 1782.

Parmi les comédiens qui parurent, pour la première fois sur la scène française, au théâtre des Tuileries, il faut citer, en première ligne :

MM.	Mmes
1772. — Monvel.	1773. — Raucourt.
1772. — Dugazon.	1776. — Suin.
1773. — Desessarts.	1776. — Sainval (Cadette).
1775. — Larive.	
1778. — Dazincourt.	
1778. — Fleury.	1777. — Contat.
1778. — Bellemont.	
1779. — Vanhove.	
1779. — Florence.	

Pendant ces douze années, la Comédie-Française donna 79 ouvrages nouveaux ; nous citerons les titres et les dates de représentations des principaux :

La *Veuve du Malabar,* de Lemierre (30 juillet 1770) ; le *Fils naturel,* de Diderot (26 juillet 1771) ; la *Mère jalouse,* de Barthe (23 décembre 1771) ; la *Partie de Chasse de Henri IV,* de Collé (6 novembre 1774) ; le *Barbier de Séville,* de Beaumarchais (23 février 1775) ; *Gabrielle de Vergy,* par de Belloy (12 juillet 1777) ; l'*Amant bourru,* de Monvel (14 août 1777) ; *Irène,* de Voltaire (16 mars 1778).

Le prix des places de la Comédie-Française, au théâtre des Tuileries, s'était modifié de la manière suivante :

Les premières places étaient de............ 6 l.
Les deuxièmes   —   .... 3 l.
Les troisièmes   —   .... 2 l.
Le parterre était descendu à............... 1 l.

Les recettes pouvaient monter à un assez bon chiffre. Ainsi, le *Barbier de Séville* produisit, à sa première soirée, la somme de 3,367 livres. C'est la recette la plus forte qu'aient donnée ses trente-deux premières représentations, la pièce ayant été interrompue à la 33e, par suite de la querelle qui survint entre Beaumarchais et les comédiens, au sujet de ses droits d'auteur. A cette époque d'ailleurs, au rebours de ce qui a lieu aujourd'hui, la première représentation d'une pièce était généralement la plus productive; les journaux, les journalistes ou leurs amis n'existaient pas encore, et les quelques billets que l'auteur donnait « pour sa première » ne portaient qu'un très-mince préjudice à la recette. D'autre part, le profit qu'un auteur pouvait retirer d'une pièce, même à succès, n'était pas considérable. Le public était restreint, les petites gens n'allaient guère au spectacle, et les pièces nouvelles n'avaient jamais une longue suite de représentations non interrompues. Aussi, les trente-deux premières représentations du *Barbier de Séville*, l'une des pièces qui eurent le plus vif et même le plus bruyant succès, au XVIIIe siècle, furent données dans l'espace de plus d'une année; la première représentation est du 23 février 1775; la trente-deuxième est du 30 décembre 1776, et la trente-troisième n'eut lieu qu'au mois de février 1777 (1). (Voir l'appendice III.)

C'est encore sur le Théâtre-Français du palais des Tuileries que fut donnée l'*I-*

---

(1) On a vu de nos jours, et tout récemment, une pièce de genre dépasser le chiffre de 400 représentations consécutives !...

rène, de Voltaire, tragédie sénile qui n'eut qu'un petit nombre de représentations, et surtout qu'un très-médiocre succès. Voltaire devait assister à la première représentation; sa santé l'empêcha de se rendre au théâtre ce jour-là, mais il parut à l'une des suivantes, et reçut une ovation extraordinaire que Bachaumont a notée, avec ses moindres détails, dans ses mémoires secrets (1). Cette représentation fut, à tous les points de vue, l'une des plus curieuses qu'eût encore données le Théâtre-Français; le triomphe de Voltaire, le couronnement de son buste, par tous les acteurs du théâtre, au milieu des acclamations sans fin d'une foule enthousiaste, constituaient un spectacle des plus étonnants, et tel que Paris n'en avait pas encore vu de semblable. Il convient toutefois d'ajouter que, quelques jours après, *Irène* qui avait servi de prétexte à ce triomphe quasi posthume, rentrait, pour n'en plus sortir, dans les cartons du théâtre, et l'on peut, à bon droit, se demander pourquoi les comédiens, organisateurs de la fête, ainsi offerte à Voltaire, pour célébrer et honorer sa présence au

(1) Volume 13 de l'édition de Londres, à la date du 1ᵉʳ avril 1778. On sait, d'ailleurs, que les *Mémoires secrets* n'ont jamais été intégralement réimprimés.

milieu d'eux, n'avaient pas choisi de préférence l'une des grandes œuvres du répertoire de l'illustre tragique, œuvre que tout le monde eût pu, sans arrière-pensée, acclamer et applaudir.

IV

LA COMÉDIE-FRANÇAISE DE 1782 A 1804.

En 1782, la Comédie-Française abandonna le théâtre du palais des Tuileries et se transporta à la salle qui porte aujourd'hui le nom d'Odéon (1). Cette salle avait été commencée en 1779 par de Wailly et Peyre l'aîné, et elle était seulement achevée depuis le mois de mars 1782, lorsque les comédiens français l'inaugurèrent le 9 avril de cette même année (2).

---

(1) C'est à l'Odéon que la Comédie-Française substitua à l'éclairage de la salle au moyen des chandelles celui des lampes à l'huile que venait d'inventer le sieur Quinquet, qui leur a laissé son nom. C'est encore à l'Odéon (en 1789) que la Comédie-Française commença à faire figurer sur les affiches annonçant son spectacle, le nom des artistes qui interprétaient les pièces. Jusqu'alors le titre de la pièce seule était mentionné sur l'affiche.

(2) On joua une petite pièce, faite spécialement

C'est dans cette salle que fut représentée, pour la première fois, le mardi 27 avril 1784, l'étincelante comédie de Beaumarchais, *le Mariage de Figaro*. Je prends sur le registre du Théâtre-Français le tableau de la recette de cette première représentation, qui nous fera connaître quel était alors le prix des places à la nouvelle salle de la Comédie-Française :

17 premières loges à 6 places..	612 l.	
6 — 5 places..	180	
28 secondes loges à 4 places....	420	
11 — à 3 places....	123 l.	15 s.
6 troisièmes loges à 6 places..	90	
4 — à 4 places..	40	
2 — à 8 places..	40	
2 petites loges à 24 livres.....	48	
2 — 7 l. 10 s....	15	
83 galeries à 4 livres..........	332	
377 premières places à 6 livres..	2.262	
11 secondes places à 3 livres..	33	
438 parterres assis à 2 l. 8 s....	1.051 l.	4 s.
1 troisième place à 2 livres...	2	
300 paradis à 1 l. 10 s.........	450	
Total...............	5.698 l.	19 s.

pour cette soirée, par le poète Barthélemy Imbert : *l'Inauguration du Théâtre-Français*. Le 12 avril suivant, on donnait encore, en vue du même objet : *Molière à la nouvelle salle*, sorte de prologue de Laharpe.

La Comédie-Française ne fait guère actuellement, même dans ses plus beaux jours, ainsi que nous le verrons plus loin, — et cela à près d'un siècle de distance, — de recettes qui soient beaucoup plus considérables. La comédie nouvelle de Beaumarchais était, il est vrai, un événement littéraire de la plus haute importance, qui eut même une influence politique dont je ne puis détailler ici les causes et les résultats. Je renvoie le lecteur à l'édition du *Théâtre complet de Beaumarchais* que j'ai publiée avec M. Fernand de Marescot, à la librairie des Bibliophiles (1). Il trouvera, au troisième volume de cette édition, une notice amplement détaillée, placée en tête de la réimpression de la *Folle journée,* et où l'on a réuni tous les documents relatifs à l'histoire de cette immortelle comédie.

A la Révolution, les « Comédiens ordinaires du roi » furent obligés de débaptiser leur théâtre ; il prit alors le titre officiel de *Théâtre de la Nation* (1789).

C'est l'époque des représentations tumultueuses et des dissensions intérieures, dans cette république littéraire jus-

---

(1) Quatre volumes in-8, avec portrait, tirés à petit nombre et seulement sur papier de Hollande. Paris, 1869-71.

qu'alors si prospère et si paisible. Le *Charles IX* de Chénier (4 novembre 1789) représenté au milieu de continuels orages donne lieu à une regrettable scission qui compromet, momentanément, les plus chers intérêts et l'avenir même de la Comédie-Française. La moitié de la troupe — les comédiens qui représentaient les idées nouvelles, la démocratie, en un mot — se sépare de l'autre moitié, celle qu'on appelait la partie royaliste. La politique avait alors envahi tous les esprits, et les comédiens eux-mêmes ne devaient pas échapper aux conséquences multiples de la Révolution naissante.

Les uns — les démocrates, c'est-à-dire Talma, Grandmesnil, Monvel, Fusil, Dugazon, Mme Vestris, etc., — abandonnent leurs camarades et vont donner leurs représentations au Palais-Royal, dans l'ancienne salle des Variétés amusantes (1).

Les autres — les royalistes, Fleury, Dazincourt, Mmes Contat (Louise et Emilie), Raucourt, Lange, etc., — continuent l'exploitation du théâtre dans la salle habi-

---

(1) Cette salle, qui devint le Théâtre-Français actuel, est l'œuvre de l'architecte Louis à qui l'on doit le magnifique théâtre de Bordeaux. Elle fut inaugurée le 1er janvier 1785, remaniée et transformée en 1787, et occupée de nouveau en 1790.

tuelle de la Comédie. Ils sont obligés cependant de se plier aux règlements nouveaux et de donner, aux œuvres qu'ils représentent, des allures franchement républicaines. L'ancien répertoire est soumis aux mêmes exigences et dans toutes les pièces, qu'elles soient en prose ou qu'elles soient en vers, les appellations prohibées de « Monsieur », « Madame » ou « Monseigneur » doivent être remplacées par celles de « Citoyenne » et de « Citoyen ». Les comédiens conservent toutefois leur attitude opposante, et persistent à représenter des pièces pleines d'allusions dirigées contre les travers de l'époque et les excès du nouveau pouvoir.

On les traite bientôt de « réactionnaires » et deux des comédies nouvelles : L'*Ami des Lois*, de Léon Laya, et *Paméla ou la Vertu récompensée*, jouées toutes les deux en 1793, attirent sur les comédiens français les foudres vengeresses des puissants du jour. Dans leur fureur, ils jurent d'exterminer la comédie tout entière; Robespierre appelle le Théâtre-Français « le « repaire dégoûtant de l'aristocratie et « l'insulteur de la Révolution », et le scandale causé par les courageuses pièces de Chénier et de Laya, dont les représentations occasionnent des rixes violentes entre les spectateurs, motive la fermeture du théâtre et l'arrestation des comédiens (1).

Dans la nuit du 3 septembre 1793, les comédiens français du théâtre de l'Odéon sont arrêtés à leur propre domicile, et conduits, séparément, les hommes aux Madelonnettes et les femmes à Sainte-Pélagie.-Voici le nom des prisonniers :

MM. Dazincourt, Fleury, Bellemont, Vanhove, Florence, Saint-Phal, Saint-Prix, Naudet, Dunant, Champville, Dupont, A. Duval; Mmes Lachassaigne, Raucourt, les Contat, Thénard, Joly, Devienne, Petit, Fleury, Lange et Mézeray.

Collot d'Herbois voulait tout simplement « que la tête de la comédie fût guil-« lotinée et le reste déporté ». Heureuse-

---

(1) Quelles tristes recettes faisait alors la Comédie! Elle était au-dessous de ses affaires. Je relève sur ses registres journaliers le chiffre des recettes que fit la Comédie la veille, le jour et le lendemain de l'exécution de Louis XVI :

Dimanche 20 janvier : *Brutus* et l'*Apothéose de Beaurepaire* : 1,178 l.

Lundi 21 janvier (jour de l'exécution du roi) : *L'enfant prodigue* et l'*Esprit de contradiction* : 197 l.

Mardi 22 janvier : relâche à l'occasion de l'assassinat du conventionnel Le Pelletier Saint-Fargeau.

Mercredi 23 janvier : l'*Avare* et *Le Médecin malgré lui* : 145 l.

ment, d'aussi sanglants projets ne furent point suivis d'exécution, et après une courte détention, les comédiens furent remis en liberté.

Pendant que se passaient ces événements si néfastes pour la partie de la Comédie-Française qui était demeurée à l'Odéon, l'autre partie avait continué à donner ses représentations au Palais-Royal. Après la chute du roi (10 août 1792) on imposa à leur Société le titre de *Théâtre de la liberté et de l'égalité;* puis, peu après, ils reçurent celui de *Théâtre de la République.* Leurs anciens camarades, au sortir de leur prison, vinrent se joindre à eux, et ils inaugurèrent leurs représentations communes le 11 germinal an II (31 mars 1794), avec le *Cid* et l'*École des Maris.*

Cette réunion n'était cependant pas définitive; il y eut encore bien des essais et bien des tentatives qui aboutirent à une nouvelle séparation, en 1795. Une partie de la troupe alla donner des représentations, à partir du 6 avril de la susdite année, au théâtre Feydeau, qui était alors administré par un sieur Sageret. D'autre part, Mlle Raucourt tenta, à la salle Louvois, avec l'aide de plusieurs de ses anciens camarades, de réorganiser la Comédie. Elle donna un certain nombre de représentations fructueuses, du 23 décembre 1796 au 4 septembre 1797 et sa troupe créa même neuf pièces nouvelles (1).

Enfin, après diverses autres tentatives de reconstitution demeurées sans résultat, le théâtre de la République se rétablit une troisième fois à l'Odéon. Mais l'année suivante, l'incendie de la salle de ses représentations (18 mars 1799) disperse de nouveau la Comédie-Française. En 1803 elle est définitivement reconstituée et le gouvernement de Bonaparte lui attribue une subvention annuelle de 100,000 francs. Son installation a lieu dans la salle de la rue de Richelieu, au Palais-Royal, où les dissidents de la troupe avaient donné leurs représentations en 1789 et que la Comédie-Française occupe encore aujourd'hui.

Depuis le 9 avril 1782, date de l'inauguration de l'Odéon, jusqu'à l'avénement de l'empire (18 mai 1804), les comédiens français, soit réunis, soit séparés, avaient représenté sur les différentes scènes où les avaient conduits les hasards du temps et les vicissitudes de l'époque agitée qu'ils venaient de traverser, deux cent dix-sept pièces nouvelles.

(1) C'est à la salle Louvois que furent joués, pour la première fois, en 1797, l'*Agamemnon* de Lemercier (24 avril) et l'*OEdipe à Colone* de Ducis (15 mai).

Nous citerons quelques noms et quelques pièces :
Palissot, Fallet, le *Roi Lear*, de Ducis (20 janvier 1783); *Philoctète*, de Laharpe (10 juin 1783); le *Mariage de Figaro*, de Beaumarchais (27 avril 1786); Vigée, Rochefort, Maisonneuve, Collin d'Harleville, qui débute au théâtre par l'*Inconstant* (13 juin 1786), et donne peu après sa jolie comédie des *Châteaux en Espagne* (7 février 1789); Chénier (Marie-Joseph), auteur d'*Azémire* (6 novembre 1786); Cubières, Chabanon, Fabre d'Eglantine, avec sa première pièce : le *Présomptueux* (7 janvier 1789); le librettiste Dezède avec *Auguste et Théodore* (6 mars 1789), Imbert, Collot d'Herbois ; Mme Olympe de Gouges, femme excentrique et quelque peu illuminée, qui devait mourir sur l'échafaud; le courageux Laya, qui donne successivement les *Dangers de l'opinion* (19 janvier 1790) et *Calas* (18 décembre de la même année) (1); Fabre d'Eglantine et sa comédie le *Philinte de Molière* (22 février 1790); Pigault-Lebrun, débutant avec une pièce médiocre, *Charles et Caroline* (28

---

(1) Calas était alors le sujet à la mode ; c'était une protestation. Il y a eu encore le *Calas* de Lemierre (17 décembre 1790) et le *Calas* de Chénier (19 avril 1791).

juin 1790); Dumaniant, Ségur (jeune); Arnault et sa belle tragédie de *Marius à Minturnes* (19 mai 1791); Sauvigny, Demoustier avec le *Conciliateur* (20 septembre 1791); la *Mort d'Abel*, premier drame de Legouvé (6 mars 1792); Dugazon, Mlle Candeilh; le *Conteur ou les deux Postes*, de Picard (1793); Luce de Lancival avec *Mutius Scevola* (17 février 1793); Alexandre Duval, auteur de la *Vraie bravoure* (5 décembre 1793); Patrat, Desforges et son amusante bouffonnerie le *Sourd et l'Auberge pleine* (1793); *Agamemnon*, de Lemercier (24 avril 1797); la *Mère coupable*, de Beaumarchais (5 mai 1797), dont la première représentation avait été donnée, le 26 juin 1792, sur le théâtre du Marais, où elle avait été jouée quinze fois jusqu'au 5 août suivant; les *Deux frères*, de Patrat (29 juillet 1799); *Misanthropie et repentir*, drame en cinq actes de Kotzebue, arrangé par Mme Molé (1799), et dont le succès fut considérable; *Pinto*, comédie historique de Lemercier (22 mars 1800); la *Petite ville*, de Picard (18 mai 1801); le *Roman d'une heure*, d'Hoffmann (21 février 1803), etc.

Il faut citer, dans le nombre des artistes qui se sont distingués pendant cette même période :

MM.

1784. — Saint-Prix.
1784. — Saint-Phal.
1786. — Naudet.
1787. — La Rochelle.
1789. — Talma (1).
1792. — Grandmesnil.
1793. — Michot.
1794. — Baptiste (aîné).
1799. — Armand.
1800. — Lafond.

Mmes

1785. — Devienne.
1785. — Contat (Em.)

1785. — Vanhove (Madame Talma).
1785. — Candeille (Simon).
1791. — Fleury.
1793. — Lange.
1793. — Mézerai.
1794. — Desbross
1795. — Mars.
1800. — Bourgoin.
1801. — Duchesnois.
1802. — Georges Weimer.

(1) Mort le 19 octobre 1826.

V

LA COMÉDIE-FRANÇAISE DE 1804 A LA RÉVOLUTION DE JUILLET 1830.

Nous arrivons au premier Empire. La Comédie-Française accompagne, un peu partout, le maître du monde, et ses représentations, à son propre théâtre, sont moins brillantes et moins suivies. D'ailleurs, tout le peuple est soldat, il ne reste plus guère à Paris que les enfants et les femmes, et aussi les orphelins et les veuves ; les pensées de tous courent au delà des frontières, sur les champs de bataille de toute l'Europe, et forcément le théâtre est un peu délaissé. Quand Napoléon se repose un moment de ses courses glorieuses, il appelle à lui la Comédie-Française à Versailles, à Saint-Cloud, à la Malmaison, à Compiègne, à Fontainebleau, etc. Il se fait surtout jouer du Corneille, la tragédie a le don de lui complaire et de l'émouvoir et il estime tout particulièrement Talma et Mlle Georges et dans la comédie Mlle Mars, qui lui conserva, toute sa vie, un culte reconnaissant.

C'est à Erfurt, c'est à Dresde, à de solennelles représentations, qu'il convoque encore ses comédiens ordinaires ; enfin, c'est de Moscou, presque aux lueurs sinistres de l'incendie, qui semblait éclairer les premières étapes de sa chute, qu'il règle, par un décret (1) dont les principaux effets subsistent encore aujourd'hui, l'organisation même de la Comédie-Française.

J'ai sous les yeux le registre des recettes du Théâtre-Français pendant l'Empire ; les plus belles soirées ne dépassent guère le chiffre de 3,000 fr. En 1811, époque de l'apogée impériale, l'une des plus grosses recettes a atteint 3,624 francs (2); en 1812, je relève une recette de 3,807 francs (3); au mois de juillet la recette tombe à 641 francs (4). L'Empire s'évanouit, les alliés arrivent, et, hélas ! les théâtres regorgent de spectateurs étrangers. La Comédie-Française voit affluer chez elle le public le plus cosmopolite qui

---

(1) Le décret n'a pas moins de 101 articles ; est daté de Moscou, 15 octobre 1812, et figure au *Bulletin des Lois* (4ᵉ série, B. 469, n° 8577).
(2) Un dimanche, le 17 novembre.
(3) Le 12 mai.
(4) Le 19 juillet.

se puisse imaginer; moins de trois semaines après la chute de Napoléon, le 26 avril 1814, le *Barbier de Séville* fait 3,680 francs de recettes. En 1815, pendant la crise qui précède les Cent-Jours, les théâtres continuent leurs représentations; le 15 mars 1815, les *Horaces* produisent une recette de 1,504 francs.

Le prix des places n'avait pas beaucoup varié, à la Comédie-Française, depuis son installation au théâtre de la rue de Richelieu. Voici quel était, sous l'Empire, le prix des places principales :

Premières loges..................	6 f. 60
Galeries et secondes.............	4 40
Troisièmes loges.................	3 30
Deuxièmes galeries...............	1 80
Parterre assis...................	2 20

La Restauration abolit le décret de Moscou et lui substitua les ordonnances royales de 1816 et de 1822, qui en reproduisent les principales dispositions. Ces ordonnances plaçaient les comédiens, redevenus « comédiens ordinaires du roi », sous la direction de l'intendance des Menus-Plaisirs, puis sous celle des intendants royaux. Cette situation dura, sans subir de modifications importantes, jusqu'à la révolution de 1830.

Pendant les dix années que dura l'Empire, la Comédie-Française ne représenta que soixante-une pièces nouvelles; elle en donna cent quarante-six pendant les seize ans de la Restauration. Nous citerons : *Pierre le Grand*, de Carion de Nisas (17 juin 1804); la *Jeune femme colère*, d'Etienne (20 octobre 1804); le *Tyran domestique*, d'Alexandre Duval (16 février 1805); les *Templiers*, de Raynouard (14 mai 1805), tragédie qui eut un énorme succès; la *Jeunesse d'Henri V*, d'Alexandre Duval (9 juin 1806); la *Mort d'Henri IV*, de Legouvé (25 juin 1806); les *Etats de Blois*, de Raynouard (25 juin 1810); les *Deux Gendres*, d'Étienne (11 août 1810); *Mahomet II*, de Baour-Lormian (9 mars 1811); la *Suite d'un bal masqué*, de Mme de Bawr (9 avril 1813); *Ulysse*, la première tragédie de Lebrun (28 avril 1814); La *Comédienne*, d'Andrieux (6 mars 1816); la *Fille d'honneur*, d'Alexandre Duval (30 décembre 1818); *Marie Stuart*, de Lebrun (6 mars 1820); *Clovis*, début de M. Viennet au Théâtre-Français (19 octobre 1820); la *Mère rivale*, de Casimir Bonjour (4 juillet 1821); *Régulus*, de Lucien Arnault (5 juin 1822); *Clytemnestre*, de Soumet (7 novembre 1822) (1); *Valérie*, pièce de début de Scribe, au Théâtre-Français (21 décembre

(1) Le surlendemain M. Soumet faisait jouer à l'Odéon sa tragédie de *Saül*.

1822); l'*Ecole des Vieillards*, de Casimir Delavigne (6 décembre 1823); *Léonidas*, de Pichat (26 novembre 1825); le *Jeune mari*, de Mazères (26 novembre 1826); *Henri III et sa cour*, d'Alexandre Dumas (11 février 1829); le *More de Venise*, d'A. de Vigny (24 octobre 1829); *Hernani*, de Victor Hugo (25 février 1830).

Parmi les nouveaux artistes qui se produisirent à la Comédie-Française pendant l'Empire et la Restauration, nous citerons :

MM.

1805. — Michelot.
1807. — Thénard.
1811. — Cartigny.
1811. — Firmin.
1812. — Desmousseaux.
1815. — Monrose.
1816. — David.
1819. — Menjaud.
1820. — Ligier.
1820. — Saint-Aulaire.
1824. — Dailly.
1825. — Perrier.
1826. — Joanny.

1826. — Samson.
1829. — Geffroy.
1830. — Beauvallet.

Mmes

1807. — Rose Dupuis.
1808. — Leverd.
1810. — Dupont.
1810. — Demerson.
1812. — Regnier-Tousez.
1817. — Desmousseaux
1819. — Paradol.
1819. — Hervey.
1822. — Mante.

VI

LA COMÉDIE-FRANÇAISE DE JUILLET 1830 A DÉCEMBRE 1852.

La Révolution de juillet 1830 plaça la Comédie-Française dans les attributions du ministère de l'intérieur, et rétablit les effets du fameux décret de Moscou. Mais la situation de la Comédie se trouvait alors sérieusement embarrassée et même compromise. La foule allait de préférence à l'Odéon ou à la Porte-Saint-Martin, où le grand drame avait pour interprètes les plus illustres artistes de Paris, dont quelques-uns venaient même directement du Théâtre-Français.

Les recettes étaient descendues à un chiffre inavouable (1); la subvention n'é-

---

(1) Quelques recettes de 1831 :
Le Tartufe et *Le Legs* : 68 fr.
L'Ecole des Vieillards et *Valérie*, jouées ensemble, produisent une première fois 320 fr. 45, une seconde fois 229 fr. 15. La recette totale de l'année ne dépasse guère 300,000 francs!...

tait alors que de 200,000 francs et elle était tout à fait insuffisante pour combler le déficit. En 1833, la Comédie avait près de 600,000 fr. de dettes (1). Les comédiens renoncèrent alors à s'administrer eux-mêmes et sollicitèrent un directeur. M. Jouslin de La Salle, régisseur du théâtre, en fut nommé le premier directeur (juin 1833). Il administra le théâtre jusqu'en 1837, avec assez de bonheur, et les recettes de la Comédie remontèrent à un chiffre plus satisfaisant (2) : leur moyenne fut généralement de 1,800 à 2,000 francs par jour (3).

Au mois de mars 1837, M. Vedel, caissier du théâtre depuis vingt ans, remplaça M. Jouslin de La Salle comme directeur. C'est à lui que revient l'honneur

---

(1) C'est l'ancien archiviste du théâtre, M. Eug. Laugier, qui l'avoue lui-même. Voyez *La Comédie française depuis* 1830, un vol. in-18, chez Tresse, Paris 1844, page 39.

(2) Recettes annuelles : d'avril 1834 à avril 1835 : 429,000 fr. ; d'avril 1835 à avril 1836 : 584,000 fr.

(3) Le prix des places était alors ainsi fixé :
Balcon et premières loges.... 6 f. 60
Orchestre................... 5 »
Troisièmes loges............. 2 75
Parterre 2 20

de l'engagement et des débuts de Mlle Rachel.

Les débuts de Mlle Rachel ont eu lieu, à la Comédie-Française, le 12 juin 1838, dans le rôle de Camille des *Horaces*, devant 753 francs de recette (1). Ses dix-huit premières représentations (du 12 juin au 17 septembre 1838) ont produit 13,042 fr. 90 c., soit 724 fr. 60 c. de recette par représentation. Les dix-huit représentations suivantes (du 23 septembre au 19 novembre 1838) ont produit 88,911 fr. 40 c., soit 4,889 fr. 50 de recette par soirée. En quelques mois, les recettes des représentations de Mlle Rachel avaient donc plus que sextuplé !

Voici le tableau complet des représentations données par la grande tragédienne depuis le 12 juin 1838, date de ses débuts, jusqu'au 23 juillet 1855, date de sa dernière apparition sur la scène de la Co-

---

(1) L'engagement définitif de Mlle Rachel ne date que de 1840. Il fut signé par elle aux conditions suivantes : 27,000 fr. de fixe, 64 feux de 281 fr. 25 chacun, soit 18,000 fr., une représentation à bénéfice fixée à 15,000 fr., trois mois de congé ; c'est-à-dire 60,000 fr. d'appointements en 1840 !... Les trois mois de congé complétaient les 100,000 fr. et combien, depuis, ont augmenté les exigences — et les appointements — de l'illustre tragédienne !

médie-Française. J'ai établi ce tableau d'après les registres journaliers des recettes et représentations, conservés aux achives du théâtre :

TABLEAU

DES REPRÉSENTATIONS DE Mlle RACHEL

PIÈCES	DATE de la reprise ou de la création.	TOTAL des représent.
Les Horaces............	12 juin 1838	66
Cinna.................	16 juin —	68
Andromaque	9 juil. —	95
Tancrède	9 août —	16
Iphigénie	16 août —	11
Mithridate	5 oct. —	63
Bajazet................	23 nov. —	60
Esther.................	28 févr. 1839	5
Nicomède	9 avril —	5
Polyeucte	15 mai 1840	71
Marie Stuart..........	22 déc. —	54
Le Cid................	19 janv. 1842	19
Ariane	7 mai —	8
Frédégonde et Brunehaut	5 nov. —	7

PIÈCES	DATE de la reprise ou de la création.	TOTAL des représent.
Phèdre	24 janv. 1843	74
Judith	24 avril —	9
Bérénice	6 janv. 1844	5
Don Sanche d'Aragon	17 févr. —	5
Catherine II	25 mai —	14
Le Dépit amoureux	1er juil. —	1
Virginie	5 avril 1845	53
Oreste	6 déc. —	7
Jeanne d'Arc	4 mars 1846	29
L'Ombre de Molière	15 janv. 1847	1
Le Vieux de la Montagne	6 févr. —	7
Athalie	5 avril —	30
Cléopâtre	13 nov. —	14
La Marseillaise	6 mars 1848	37
Lucrèce	24 mars —	20
Le Roi attend	6 avril —	6
Britannicus	12 octob. —	1
Le Moineau de Lesbie	22 mars 1849	28
Adrienne Lecouvreur	14 avril —	69
Mlle de Belle-Isle	25 févr. 1850	17
Angelo	18 mai —	19
Horace et Lydie	19 juin —	9
Valéria	28 févr. 1851	27
Diane	19 févr. 1852	31
Louise de Lignerolles	6 mai —	13
L'Empire, c'est la paix	22 octob. —	1
Lady Tartufe	10 févr. 1853	31
La Muse héroïque	6 juin 1854	1
Rosemonde	21 nov. —	7
La Czarine	15 janv. 1855	18

Le passage de Mlle Rachel à la Comédie-Française n'a pas été, ainsi qu'on pourrait le supposer d'après les chiffres donnés ci-dessus, d'un résultat bien considérable sur les recettes annuelles du théâtre. Chaque fois que Mlle Rachel jouait, la salle était comble et faisait le maximum des recettes, mais la Comédie perdait le lendemain la meilleure partie de ce qu'elle avait gagné la veille. Il était, en effet, devenu alors presque impossible d'offrir au public, quand Mlle Rachel ne jouait pas, et pendant ses absences, régulières ou irrégulières, un spectacle qui eût un attrait suffisant pour compenser la grande influence qu'elle exerçait sur la foule. On se réservait pour Mlle Rachel ; elle était devenue, en quelque sorte, à elle seule, le Théâtre-Français tout entier. Pendant ses congés, on ne savait par quel moyen forcer la recette ; le théâtre était désert, et ses fugues, ses caprices, ses volontés (1), les difficultés qu'elle suscita, en de trop fréquentes occasions, à l'administration de la Comédie, portaient à la fortune même du théâtre de

---

(1) La Comédie-Française les subissait toutes. Rachel est créée sociétaire le 1er avril 1842 ; elle rompt son engagement en 1849, exige 42,000 fr. d'appointements et six mois de congé, et enfin redevient sociétaire en 1851.

graves et continuelles atteintes. Au point de vue pécuniaire, le passage de Mlle Rachel a donc été plutôt fatal que productif pour les intérêts de la Comédie-Française.

En 1846, époque de sa plus grande vogue, les recettes annuelles de la Comédie se chiffrèrent par un produit de 425,591 fr. 15 c.

L'avant-dernière année des représentations de Mlle Rachel (1854) donna, comme recette annuelle, 634,380 fr. 70 c.

Je ne ne parle pas de la dernière année (1855), pendant laquelle Mlle Rachel ne parut au Théâtre-Français que trente-cinq fois avant son départ pour l'Amérique. D'ailleurs, les recettes de l'année 1855 furent exceptionnelles, en raison de l'Exposition universelle ; elles s'élevèrent au chiffre de 910,740 fr. 60 c.

L'année 1856, qui suivit le départ de Rachel, donna 656,679 francs de recettes.

Enfin, l'année 1860 produisit 983,348 f. 50, chiffre supérieur à celui de l'année de l'Exposition, et qui dépasse de plus du double le produit de l'année 1846 que nous avons prise pour point de départ.

L'année 1851 est celle qui donne, pour les représentations de Rachel, les plus fortes recettes ; elle atteint 681,227 fr. 70 c., et cependant Rachel ne parut, pendant cette année-là, que soixante-cinq fois sur la scène du Théâtre-Français (1).

Si nous considérons maintenant le passage de Mlle Rachel au Théâtre-Français, au seul point de vue de l'honneur et de la gloire qu'elle a laissés tomber sur lui, nous ne saurions reconnaître, ni célébrer assez haut cette gloire et cet honneur. Il ne faut jamais rapprocher d'ailleurs une question d'art d'un intérêt d'argent. Mlle Rachel a rendu, pendant près de vingt ans, à la tragédie tout le lustre et le prestige qu'elle avait perdus depuis Talma. Que nous importe ce qu'elle a pu coûter ou rapporter à la Comédie-Française!... Elle était supérieure à Mlle Georges, à Mlle Duchesnois, et même à Adrienne Lecouvreur qui fut la première grande tragédienne qu'ait possédée la Comédie-Française. Rachel est morte en 1858, en pleine possession de son talent et de sa gloire, et, depuis cette époque, bien des tentatives ont été faites pour restaurer, une fois encore, la tragédie; mais Rachel n'a jamais été, et ne sera peut-être jamais remplacée!...

(1) Il faut lire, à ce propos, la remarquable étude publiée par M. Ed. Thierry, sur Rachel, dans la biographie Michaud, tome xxxv. L'article est signé : E. T....y.

La direction de M. Vedel ne dura que jusqu'au 5 mars 1840. Il dut se retirer devant des difficultés d'intérieur qu'il préféra ne pas surmonter. Les comédiens en revinrent alors au décret de Moscou et s'administrèrent eux-mêmes, par des artistes semainiers et sous la surveillance du commissaire royal, M. Buloz (1).

C'est pendant cette sorte d'interrègne que la situation financière de la Comédie commença à s'améliorer. Ses dettes s'élevaient à plus de 150,000 francs, les détériorations de la salle nécessitaient d'urgentes réparations, le mobilier du théâtre avait une antiquité déplorable. Le gouvernement du roi Louis-Philippe vint en aide à la société de la Comédie, et obtint des Chambres que la subvention annuelle serait augmentée de 40,000 francs ; enfin, un fonds de 300,000 francs, remboursable en cinq annuités, fut accordé au théâtre qui put ainsi faire face aux obligations qui le pressaient de toutes parts.

La révolution de 1848 rendit à la Comédie-Française son titre révolutionnaire de théâtre de la République. M. Lockroy, auteur dramatique, qui s'était d'abord illustré en jouant le drame à l'Odéon, fut

---

(1) Beaucoup plus connu comme directeur-fondateur de la *Revue des Deux-Mondes*.

nommé directeur en remplacement de M. Buloz. Vers la fin de l'année, M. Lockroy fut obligé de résigner ses fonctions, et M. Edmond Seveste, qui avait administré la plupart des théâtres de la banlieue, lui fut donné pour successeur. C'est M. Arsène Houssaye qui le remplaça presque aussitôt, en avril 1849, comme directeur provisoire, et enfin en mai 1850 comme directeur définitif. Cet homme aimable et distingué a conservé sa position pendant les premières années de l'Empire, et la Comédie-Française gardera toujours, et à tous les points de vue, le meilleur souvenir de sa trop courte direction.

Nous étudierons rapidement le mouvement dramatique qui s'est produit au Théâtre-Français depuis 1830 jusqu'à la fin de 1852, date de la restauration impériale, en donnant la liste des principales pièces représentées pendant cette période.

M. Empis fait jouer en collaboration avec Mazères la *Demoiselle et la Dame* (14 octobre 1830), comédie interprétée par Michelot, Firmin, Perrier, Mmes Mars et Leverd; *1760 ou les Trois chapeaux*, de Longpré (24 novembre 1830); *Charlotte Corday*, drame en cinq actes de Régnier-

Destourbet (23 avril 1831); la *Famille de Lusigny*, drame de Frédéric Soulié, joué avec grand succès (15 octobre 1831); *Louis XI*, de Casimir Delavigne (11 février 1832), grand succès de pièce et d'interprétation (1); le *Mari de la veuve*, jolie bluette anonyme d'Alex. Dumas (4 avril 1832); *Clotilde*, drame à grand succès de Frédéric Soulié (11 septembre 1832); le *Roi s'amuse*, de Victor Hugo (22 novembre 1832), qui n'a que cette unique représentation; les *Enfants d'Edouard* de Casimir Delavigne (18 mai), grand succès; *Bertrand et Raton*, l'une des meilleures comédies de Scribe (14 novembre 1833); *une Aventure sous Charles IX* de Frédéric Soulié (20 mai 1834); *Chatterton*, le beau drame d'A. de Vigny (12 février 1835); *Angelo*, drame de Victor Hugo (28 avril 1835), joué avec grand succès (2) par

---

(1) Recettes :

1re représentation......	4,972 f.	80
2e —	1,424	10
3e —	1,910	10
4e —	2,196	»
5e —	3,077	20

C'étaient là de belles recettes, mais seulement si on les rapprochait de celles qu'on avait l'habitude de faire depuis si longtemps.

(2) Les recettes des 14 premières représentations donnent une moyenne d'environ 4,400 fr. par soirée. La quinzième produisit 4,000 fr.

Mmes Mars et Dorval; *Don Juan d'Autriche*, de Casimir Delavigne, autre succès (17 octobre 1835); *Lord Novart*, l'une des meilleures pièces d'Empis (27 février 1836); *Marie* ou *les Trois époques*, de Mme Ancelot (11 novembre 1836), et qui fut l'un des grands triomphes de Mlle Mars; la *Camaraderie*, de Scribe (19 janvier 1837); le *Chef-d'Œuvre inconnu*, de Ch. Lafont (17 juin 1837); *Caligula* d'Alexandre Dumas (16 décembre 1837), qui n'a qu'un demi-succès ; le *Camp des croisés* d'Adolphe Dumas, joué à l'Odéon (3 février 1838) (1); *Louise de Lignerolles*, de Legouvé et Goubaux (6 juin 1838); *Mademoiselle de Belle-Isle*, d'Alexandre Dumas (2 avril 1839); l'*Ecole du monde*, du comte Walewski (8 janvier 1840); *Cosima*, le premier drame de Mme Sand, dont la chute fut éclatante (29 avril 1840); le *Verre d'eau*, de Scribe (17 novembre 1840); un *Mariage sous Louis XV* d'Alexandre Dumas (1er juin 1841); *une Chaîne*, de Scribe (29 novembre 1841); les *Burgraves*, grand drame froidement accueilli, de Victor Hugo (7 mars

(1) Pendant les neuf mois d'exploitation de ce théâtre par la direction et les artistes de la Comédie-Française, jouant concurremment dans les deux salles. L'opération, qui devait durer trois ans, n'eut aucun succès, et fut promptement abandonnée.

1843); *Judith*, de Mme de Girardin (24 avril 1843); les *Demoiselles de Saint-Cyr*, d'Alexandre Dumas (25 juillet 1843); le *Mari à la campagne* de Bayard et J. de Wailly (3 juin 1844); *Virginie* de Latour Saint-Ybars (5 avril 1845); *Cléopâtre*, de Mme de Girardin (13 novembre 1847); *un Caprice*, d'Alfred de Musset (27 novembre 1847); l'*Aventurière* d'Emile Augier (23 mars 1848); *Il faut qu'une porte soit ouverte ou fermée* (7 avril 1848); *Il ne faut jurer de rien* (22 juin 1848), et *Louison* (22 février 1849), d'Alfred de Musset; *Adrienne Lecouvreur*, de Scribe et Legouvé (14 avril 1849); *Gabrielle*, d'Emile Augier (15 novembre 1849); *Charlotte Corday*, de Ponsard (23 mars 1850); le *Chandelier*, d'Alfred de Musset (29 juin 1850); *un Mariage sous la Régence*, de Léon Guillard (21 septembre 1850); le *Joueur de flûte*, d'Emile Augier (19 décembre 1850); *Bataille de Dames*, de Scribe et Legouvé (17 mars 1851); *Mademoiselle de la Seiglière*, de Jules Sandeau (4 novembre 1851); *Diane*, d'Emile Augier (19 février 1852); *Ulysse*, de Ponsard (18 juin 1852); le *Bonhomme Jadis*, de Murger (21 août 1852); *Sullivan*, de Mélesville (11 novembre 1852).

La génération actuelle a connu et applaudi la plupart des artistes qui se sont produits au Théâtre-Français, pendant les vingt-deux années qui ont suivi la révolution de 1830 et précédé l'Empire :

MM.

1830. — Beauvallet.
1831. — Regnier.
1833. — Monrose (L.)
1835. — Provost.
1838. — Maillart.
1840. — Guyon.
1841. — Leroux.
1841. — Maubant.
1842. — Brindeau.
1844. — Got.
1846. — Ballande.
1848. — Delaunay.
1851. — Anselme (Bert)

Mmes

1831. — Anaïs Aubert.
1833. — Noblet.
1834. — Arnould Plessy
1838. — Rachel.
1840. — Denain.
1841. — Brohan (Augustine).
1841. — Guyon (Emilie)
1843. — Mélingue.
1843. — Bonval.
1845. — Félix (Rebecca)
1845. — Rimblot.
1846. — Judith.
1848. — Favart.
1848. — Félix (Luther).
1848. — Nathalie.
1849. — Félix (Sarah).
1849. — Fix.
1850. — Brohan (Madeleine).
1852. — Jouassain.

VII

LA COMÉDIE-FRANÇAISE DEPUIS DÉCEMBRE 1852 JUSQU'A NOS JOURS.

Le 2 décembre 1852, l'Empire est proclamé ; à partir de ce jour, l'affiche de la Comédie-Française fait précéder l'annonce de ses spectacles de l'ancienne formule impériale : *Les comédiens ordinaires de l'Empereur donneront...*

L'Empire conserve M. Arsène Houssaye comme directeur de la Comédie. L'Empereur n'a pas oublié sans doute qu'à son retour du voyage triomphal de Bordeaux, la Comédie lui donna, le 22 octobre 1852, une représentation solennelle composée de *Cinna* avec Mlle Rachel, d'*Il ne faut jurer de rien*, d'Alfred de Musset, et d'une sorte de cantate, *l'Empire, c'est la paix!* poésie inspirée à M. Arsène Houssaye lui-même par le fameux discours du prince président, que terminait cette phrase si grosse de belles promesses. Mlle Rachel la déclama avec toute la pompe nécessitée par cette circonstance plus officielle que littéraire.

Le 10 février 1853, *Lady Tartufe*, de Mme de Girardin, et débuts de Mlle Emilie Dubois, qui devait mourir si prématurément en 1871 ; l'Impératrice Eugénie, récemment mariée, vient officiellement pour la première fois au Théâtre-Français.

Le 23 décembre 1853, la *Pierre de touche*, de MM. Augier et Sandeau. La pièce n'a pas de succès.

6 février 1854. — Débuts de M. Bressant dans *Mon Etoile*, de Scribe, et les *Femmes savantes*.

21 novembre. — *Rosemonde*, tragédie de Latour Saint-Ybars, que le grand talent de Mlle Rachel ne sauve pas d'une chute, qui est restée sans retour.

15 janvier 1855. — La *Czarine*, grand drame de Scribe, avec Mlle Rachel, et qui fut sa dernière création.

19 avril. — *Péril en la demeure*, deux actes d'Octave Feuillet.

7 juin. — *Par droit de conquête*, trois actes de M. Legouvé.

23 juillet. — Dernière représentation de Rachel. Elle joue *Andromaque* et le *Moineau de Lesbie*.

17 septembre. — Rentrée de Mme A. Plessy dans *Tartufe*, après dix ans d'absence (1).

(1) Elle avait quitté la Comédie-Française « su-

19 novembre. — La *Joconde*, comédie de MM. Regnier, sociétaire de la Comédie-Française, et Paul Foucher.

1ᵉʳ février 1856 (1). — M. Empis remplace M. Arsène Houssaye comme directeur de la Comédie ; ce même jour, première représentation sifflée de *Guillery*, de M. Edmond About. La pièce n'a que deux représentations ; la seconde ne va pas jusqu'à la fin.

12 avril. — *Comme il vous plaira*, comédie de Mᵐᵉ Sand, d'après Shakespeare.

8 janvier 1857. — Mᵐᵉ Plessy reprend dans *Lady Tartufe* le rôle créé par Rachel.

12 mars. — La *Fiammina*, grand succès de Mario Uchard.

1ᵉʳ août. — *Philiberte*, d'Emile Augier, comédie en vers, d'abord jouée au Gymnase.

23 novembre. — Le *Fruit défendu*, doucereuse comédie de M. Doucet.

11 janvier 1858. — Relâche pour les funérailles de Mˡˡᵉ Rachel, morte au Cannet,

---

breplicement », dit le registre, le 12 juin 1845. Elle y rentrait, en 1855, à titre de pensionnaire et aux appointements de 24,000 fr., avec trois mois de congé.

(1) En 1856, la subvention du Théâtre-Français est définitivement fixée au chiffre annuel de 240,000 fr. qu'elle reçoit encore aujourd'hui.

le lundi 4 janvier, à midi. — On avait déjà fait relâche, à cette occasion, le mardi 5.

29 mars. — Les *Doigts de fée*, grande comédie de Scribe et Legouvé.

21 juin. — Début de Barré, l'un des plus consciencieux artistes de la Comédie.

21 septembre. — Débuts de Mlle Marie Royer, morte si jeune encore, le 21 juin 1873, après moins de six mois de sociétariat.

22 octobre. — M. Edouard Thierry est nommé directeur du Théâtre-Français, en remplacement de M. Empis.

10 novembre. — *Le Luxe*, comédie de Jules Lecomte.

4 novembre 1859. — Le *Duc Job*, l'un des plus grands succès de la Comédie pendant le deuxième Empire.

13 mars 1860. — Le *Feu au Couvent*, de M. Th. Barrière, dont le principal rôle est l'occasion d'un grand succès pour Mlle Emma Fleury (Mme Franceschi).

1er mai. — Représentation de retraite de Beauvallet.

7 décembre. — Débuts de Coquelin aîné dans le *Dépit amoureux*.

10 janvier 1861. — *Les Effrontés*, bruyant succès de M. Emile Augier.

18 novembre. — *On ne badine pas avec l'amour*, d'A. de Musset, grand succès.

21 janvier 1862. — *L'Honneur et l'Ar-*

gent, comédie de Ponsard, conquise sur le répertoire de l'Odéon.

11 avril. — *La Papillonne*, comédie en trois actes, de Sardou, la première et la seule qu'il ait donnée au Théâtre-Français.

1er décembre. — *Le Fils de Giboyer*, suite de la comédie d'E. Augier, *les Effrontés*.

12 mai 1863. — Débuts de Mlle Agar dans *Phèdre*.

19 octobre. — *Jean Baudry*, d'Aug. Vacquerie.

10 novembre. — Débuts de Lafontaine dans *le Dernier quartier*, deux petits actes de M. Pailleron.

15 décembre. — Grand insuccès de la *Maison de Pénarvan*, comédie de Jules Sandeau, jouée d'abord le 12, devant la cour, au palais de Compiègne.

26 février 1864. — Début de Mme Victoria Lafontaine, dans *Il ne faut jurer de rien*.

21 mars. — *Moi!* comédie de MM. Labiche et Ed. Martin.

3 mai. — *Le Gendre de M. Poirier*, comédie venue du Gymnase et qui entre, ce jour, définitivement, au répertoire du Théâtre-Français.

16 mars. — Inauguration du nouveau foyer, de la salle du conseil et autres ma-

gnificences (1) ajoutées aux anciennes dans le grand remaniement que subit la Comédie-Française, par suite de la rectification des bâtiments du Palais-Royal et de leur extension sur une place nouvellement établie. La Comédie donne, à cette occasion, une solennelle représentation du *Misanthrope* et du *Dépit amoureux*, avec un à-propos en vers de M. Amédée Rolland : *Voltaire au foyer*.

18 février 1865. — Représentation de retraite de Geffroy, doyen des sociétaires, après trente-six ans de services.

5 décembre. — Tumultueuse représentation de *Henriette Maréchal*, comédie-drame des frères de Goncourt.

18 janvier 1866. — Grand succès du *Lion amoureux*, de Ponsard.

19 avril. — Représentation de retraite au bénéfice de la famille de Provost, décédé le 26 décembre 1865. La recette monte à 13,853 francs.

21 juin. — *Gringoire*, fantaisie moyen-âge, de Th. de Banville, avec M. Coquelin aîné, interprétant d'une manière hors ligne le rôle principal.

7 mars 1867. — *Galilée*, drame en vers, de M. Ponsard.

---

(1) Citons à part le grand et monumental escalier qui conduit à la place du Palais-Royal.

20 juin. — Reprise solennelle de *Hernani*, de Victor Hugo. Grand succès.

Nous sommes en pleine Exposition universelle, et les théâtres font des recettes d'un chiffre inconnu jusqu'alors. La sixième représentation d'*Hernani* produit 6,185 fr.; la douzième, 6,289 fr.; la quarantième donne 6,373 fr., et, enfin, la cinquante-quatrième produit, le 27 octobre 1867, une recette de 7,024 fr., la plus forte qu'ait jamais, dans une représentation ordinaire, encaissée la Comédie-Française (1). Le *Duc Job,* lui-même, comédie déjà un peu usée, comme pièce et comme recette, fait des soirées de près de 4,000 fr. et les dépasse même : la trente-troisième représentation de la reprise donne, le 25 octobre, 4,755 fr. de recette.

25 janvier 1868.—*Paul Forestier*, drame

---

(1) Le prix des places était alors ce qu'il est encore aujourd'hui :

Avant-scènes............	10 fr.	»
Premières loges..........	8	»
Deuxièmes loges.........	6	»
Troisièmes loges.........	3	50
Quatrièmes loges........	2	»
Orchestre...............	6	»
Balcon..................	7	»
Parterre................	2	50
Amphithéâtre...........	1	»

en vers, de M. Emile Augier, l'un des plus grands et des plus légitimes succès de Mlle Favart.

2 mai. — Anniversaire de la mort d'A. de Musset, et inauguration de son buste au foyer du théâtre. On met, pour la première fois, à la scène, à cette occasion, la *Nuit d'octobre* que déclament, avec beaucoup de chaleur et de succès, Mlle Favart et M. Delaunay.

10 juin. — Début de M. Coquelin cadet dans Petit-Jean des *Plaideurs*.

15 juillet. — Une partie des artistes de la Comédie-Française profite de la fermeture du théâtre pour réparations, et va donner, pendant un mois, une série de représentations à Dijon, à Lyon, à Toulon, à Nice et à Marseille.

8 septembre. — Débuts de Mlle Karoly dans Émilie de *Cinna*. Cette tragédienne, qui a fait grand bruit à l'Odéon, n'obtient qu'un demi-succès, rue de Richelieu.

22 octobre. — *Mercadet*, comédie de Balzac, passe du Gymnase à la Comédie-Française.

14 décembre. — Débuts de la charmante Mlle Reichemberg dans Agnès de l'*Ecole des Femmes*.

7 janvier 1869. — Les *Faux Ménages*, de M. Pailleron. Grand succès. Thiron, qui arrive de l'Odéon, rentre, au Théâtre-Français, par un rôle de cette pièce.

4 mai. — *Julie*, drame en trois actes d'Octave Feuillet.

9 juin. — *Juan Strenner*, petit drame, en vers, de M. Paul Déroulède, découpé dans un grand sujet qu'on l'a obligé, au détriment de sa pièce, à resserrer dans un cadre trop restreint. Succès de poète surtout.

13 octobre. — Le *Mari qui pleure*, la première comédie de M. Jules Prével, au Théâtre-Français.

6 décembre. — *Lions et Renards*, grande comédie manquée, de M. Augier.

17 janvier 1870. — *Les Ouvriers*, un acte, en vers, de M. Manuel. — Succès.

28 mars. — *Dalila*, de M. Feuillet. — Lafontaine joue, avec grand succès, le rôle de Sartorius, lui qui avait si admirablement, et avec de si beaux élans dramatiques, créé, au Vaudeville, le personnage d'André Roswein que reprend aujourd'hui M. Frédéric Febvre.

18 juillet. — La guerre est déclarée; la grande ville et le pays tout entier sont « en ébullition ». Après le *Lion amoureux*, dont les tirades patriotiques semblent être tout à fait d'actualité, le public demande la *Marseillaise*. Mais personne ne sait suffisamment, à la Comédie-Française, le chant populaire et national, et l'orchestre du théâtre le joue lentement pendant que tous les spectateurs le répètent en chœur

au milieu du plus vif enthousiasme. Le surlendemain, 20 juillet, Mlle Agar chante *la Marseillaise*, et elle la redit ainsi, tous les soirs, jusqu'au 4 septembre.

6 août. — Grande représentation, au bénéfice de la Caisse de secours et dons patriotiques pour les blessés. Beaucoup de poésies anciennes et nouvelles sont dites ce soir-là en l'honneur de la Victoire et de la Guerre, et la recette monte à 7,683 francs.

Le 4 septembre, le théâtre, qui avait affiché *Mérope* et *le Menteur*, retire son affiche qui n'a plus d'attrait pour le public enfiévré qu'attire bien autrement le spectacle « plus corsé » que donnent, ce soir-là, le boulevard et la rue.

Le 5, le *Lion amoureux* produit 278 fr. de recette! C'est la dernière représentation donnée à la Comédie-Française; le lendemain, les théâtres sont fermés par ordre, et la Comédie transforme en ambulance, pour les blessés, le foyer de ses artistes et le grand foyer du public. La salle du Conseil sert de salle de consultations aux médecins et de réunion pour les infirmières. L'ambulance, qui renferme vingt lits, est organisée par MM. Edouard Thierry, Verteuil et Léon Guillard; les ambulancières sont Mmes Favart, V. Lafontaine, Jouassain, Madeleine Brohan, Riquer, E. Dubois et Delphine Marquet; les médecins sont MM. Nélaton, Richet, Denonvilliers, Coqueret, Mallez et Firmin.

Le 25 octobre, le théâtre rouvre ses portes, en plein jour, et donne une représentation au bénéfice des victimes de la guerre. On joue des fragments des *Horaces* et du *Misanthrope* en costume de ville et l'on récite des poésies de circonstance ; l'une d'elles, les *Cuirassiers de Reischoffen*, de M. Emile Bergerat, obtient un très-grand succès. Ces matinées sont renouvelées à des intervalles assez rapprochés (1) ; on y récite surtout beaucoup de pièces de vers, toujours relatives à la triste actualité et aux événements terribles au milieu desquels on vit. MM. de Bornier, Bergerat, Manuel, Edouard Fournier, Catulle Mendès, Gondinet, etc. sont les auteurs de ces poésies qui sont déclamées souvent au bruit du canon, et par des artistes qui n'ont pas pu quitter leur tenue de garde nationale ou de soldats de la mobile, avant de paraître en scène, parce que le bulletin de convocation les avait avertis que le bois manquait pour chauffer les loges du théâtre.

Le 19 janvier 1871, bataille de Buzenval. Pendant que la Comédie-Française fait

---

(1) La Comédie française a donné vingt-deux matinées ou soirées dramatiques, du 25 octobre 1870 au 29 janvier 1871.

580 fr. de recette avec *Tartufe* et le *Médecin malgré lui*, un de ses pensionnaires, M. Seveste (Didier-Jules) (1), est blessé mortellement dans le dernier combat du siége. On transporte le malheureux artiste au théâtre, et on est obligé de lui faire l'amputation d'un membre, terrible opération à laquelle il ne survécut que quelques jours. Il succomba le 30 janvier 1871, après avoir reçu la croix de la Légion d'honneur et n'ayant pas encore 26 ans. Le lendemain 31, la Comédie fit relâche en son honneur et assista tout entière à ses funérailles.

Lors de l'avénement de la Commune, la Comédie ne ferma pas ses portes; elle continua ses représentations devant des recettes dérisoires (2), mais dans le seul intérêt de sa conservation. C'est à la fermeté de M. Edouard Thierry et de ses courageux collaborateurs que la Comédie a certainement dû son salut. En effet, le théâtre occupe aux coins de la rue de Ri-

---

(1) Il appartenait à la Comédie depuis le 10 novembre 1863. Il était fils d'Edmond Seveste qui a été un moment directeur de la Comédie-Française.

(2) Le 31 mars (jour des funérailles de Samson) : 431 fr. 50 ; le 1er avril : 248 fr. ; le 26 : 193 fr. ; le 28 : 145 fr. 50 ; le 1er mai : 91 fr. ; le 8 mai : 86 fr. ; enfin, le 17 : 80 fr. 50.

chelieu et de la rue Saint-Honoré, une position que les défenseurs de la Commune avaient considérée tout d'abord comme « éminemment stratégique ». Ils tentèrent, à maintes reprises, d'occuper militairement le théâtre ; ils voulaient y installer un nombreux corps de troupes, y amener du canon et surveiller, des étages supérieurs, les abords des deux places qui entourent la salle, ainsi que l'accès des rues qui y aboutissent.

Le directeur tint constamment tête aux exigences des délégués de la Commune ; il fut aussi aimable que possible avec les citoyens fédérés « et mesdames leurs épouses » (1), et il leur fit donner, pour ses représentations, toutes les places qu'il leur convint de demander. La Comédie put ainsi, sans trop d'encombres, traverser ces terribles journées si pleines de difficultés et de périls.

---

(1) Un exemple entre mille : un fédéré adresse à peu près en ces termes, le billet suivant, à M. Verteuil, secrétaire du théâtre :

« Citoyen,

» Donnez-moi, je vous prie, des places pour ce soir ; il y aura madame mon épouse et d'autres citoyennes, ses amies.

« *Signé* : X... »

Lors de l'entrée des troupes dans Paris, le danger devint plus pressant et l'incendie du Palais-Royal menaça de bien près la Comédie-Française. Le dévouement du directeur, des employés et des artistes, prévint encore les graves désastres qui auraient pu si facilement se produire.

Le Théâtre-Français donna sa dernière représentation, pendant la Commune, le 21 mai 1871. Il resta fermé tant que dura l'effroyable lutte qui ensanglanta Paris pendant sept jours et il ne rouvrit ses portes au public que le 1er juin 1871, par une curieuse reprise du *Mariage de Figaro*, où paraissaient pour la première fois, sur la scène de la rue de Richelieu, dans le chef-d'œuvre de Beaumarchais, Coquelin cadet, dans Figaro, Kime, dans Bartholo, Mme Nathalie, dans Marceline, et Mlle Croizette, dans Suzanne. Mais Paris était encore sous l'impression de l'horrible drame qui venait de se terminer dans ses murs, dans ses rues, aux portes mêmes de ses théâtres, et la recette de cette toute littéraire soirée, qui en d'autres temps eût attiré la foule, ne dépassa pas la minime somme de 959 fr. 50.

Le 19 juillet suivant, M. Emile Perrin, ancien directeur de l'Opéra-Comique et de l'Opéra, remplaça en qualité d'administrateur général de la Comédie-Française, M. Edouard Thierry, démissionnaire depuis le 4 septembre 1870, mais qui, pendant la tourmente, avait consenti, sur les instances du nouveau gouvernement à conserver son poste.

VIII

PROMENADE ARTISTIQUE A L'INTÉRIEUR DE LA COMÉDIE-FRANÇAISE.

La Comédie-Française est devenue, depuis 1864, le plus beau théâtre de Paris. Elle a maintenant deux façades monumentales, l'une qui donne sur la nouvelle place de la rue Saint-Honoré, l'autre qui a vue sur la rue de Richelieu et sur l'ouverture de la grande avenue Napoléon, dont l'amorce est indiquée, de ce côté, par deux gracieuses fontaines entourées d'arbres.

Le théâtre a gagné, au remaniement qu'il a subi alors : à l'extérieur la prolongation de sa colonnade et de sa façade, à l'intérieur un escalier monumental, un foyer public qui fait suite à sa belle galerie de statues, et beaucoup d'autres aménagements particuliers dont profitent surtout l'administration et les comédiens.

Nous entrerons à la Comédie par la porte qui prend jour sur la galerie à colonnes de la rue Saint-Honoré. L'escalier qui conduit au premier étage ouvre, en quelque sorte, le riche et artistique musée du théâtre. Ce musée est célèbre entre tous : c'est l'histoire même de la Comédie-Française que cette collection admirable et unique de toiles, de bustes, de gravures et de statues, rappelle et retrace dans toutes ces salles et dans tous ces couloirs, aujourd'hui trop exigus pour contenir tant de richesses. La place manque, en effet, et la Comédie regorge de merveilleux souvenirs que le public ne peut malheureusement connaître et qui, vu le défaut d'espace, sont placés un peu partout, comme on a pu, et sans ordre chronologique bien régulier ni bien suivi.

C'est dans l'escalier de l'administration sur le premier palier, que se trouve le grand portrait de Rachel, par Gérôme. C'est dans ce même escalier qu'il faut admirer — la plupart, hélas ! trop haut placés — les portraits, dans leurs meilleurs rôles, de tant de comédiennes et de comédiens illustres du dernier siècle : Talma, Poisson, Lekain, Mlle Thénard, en Hermione, Mlle Dangeville, Mlle Desmares, Mlle de Seyne, la spirituelle Mme Favart, la piquante Bourgoin, Mlle Lange et beaucoup d'autres qui mériteraient une meilleure place.

La porte vitrée qu'on voit sur la gauche

de ce premier palier conduit aux loges et au foyer des artistes, à la galerie des bustes, à la salle des travestissements et au cabinet des accessoires.

Le foyer des artistes n'est pas très-grand : c'est une salle carrée qui reçoit le jour par deux fenêtres donnant sur la rue Saint-Honoré. Elle est ornée, avec beaucoup de simplicité et de goût, d'un fort beau meuble Louis XIV, d'une antique horloge de Robin, et ses murailles sont recouvertes de peintures et de portraits exclusivement relatifs à l'histoire de la Comédie-Française.

Nous retrouvons tout d'abord la plupart de ses artistes contemporains dans deux grandes toiles où Geffroy, l'éminent sociétaire aujourd'hui retiré, a groupé et peint ses plus célèbres camarades. Le premier des deux tableaux a déjà vingt ans de date; il nous reporte à l'époque où brillaient soit de leur jeunesse, pleine de promesses, soit de leur illustration acquise, Mmes Mars, Anaïs, Plessy, Desmousseaux, Rachel; MM. Guyon, Régnier, Firmin, Monrose (le père), Beauvallet, Ligier, Samson, etc. Le second remonte à dix années seulement : Mmes Favart, Jouassain, les deux Brohan, Figeac, V. Lafontaine, Judith; MM. Delaunay, Bressant, Coquelin, Lafontaine, Got, Monrose fils,

Talbot, etc., nous représentent les artistes de la Comédie-Française que la génération actuelle peut encore applaudir.

Revenons aux anciens. Le dernier présent qu'ait reçu le foyer est un précieux legs du sculpteur Dantan, un portrait de Mlle Jolly, peint par David. Mais la perle et la merveille de la collection, c'est le portrait de Molière, par Mignard, que la Comédie n'a pas payé moins de 6,500 francs. On retrouve encore Molière un peu plus loin, dans le petit tableau d'Ingres, qui représente, d'après la légende, — car ce n'est qu'une légende, — Louis XIV faisant dîner l'illustre comique à sa table (1). Enfin, un artiste anonyme nous montre aussi Molière en compagnie de Jodelet, de Poisson et de beaucoup d'autres, dans une toile qui date de 1670 et qui a prétendu réunir « les farceurs fran« çais et italiens depuis soixante ans et « plus. » C'est une composition étrange, d'une grande curiosité, et dans laquelle Molière est figuré, tout à fait sur la gauche du tableau, dans le personnage d'Arnolphe, de l'*Ecole des femmes*.

Après Molière, voici, un peu sans suite et sans ordre — ainsi d'ailleurs qu'ils

---

(1) Voyez à ce sujet l'*Esprit dans l'Histoire* d'Édouard Fournier et le travail, déjà cité, de M. Eug. Despois.

sont placés : — les portraits de Monvel, de Dazincourt, en Crispin, de Grandmesnil, dans l'*Avare*, de Talma, par Picot, de Raymond Poisson, auteur et comédien, de Firmin; de Préville, en Mascarille, de Ligier; puis Mlle Dumesnil, en robe rouge, et à côté d'elle la jolie Mlle Leverd; un deuxième portrait de Mlle Jolly, sans nom d'auteur; Rachel, par Dubufe; Mlle Duclos, de Largillière; Michot, en longue redingote de la Restauration; Mlle Vestris, dans une attitude toute tragique, Monrose, le père, en Crispin, Lekain, Fleury, en robe de chambre, étudiant un rôle, Michel Baron, Mlle Clairon, Larive, Baptiste Cadet et enfin Dugazon.

Le foyer donne sur une galerie par laquelle on va directement à la scène. Cette galerie est sombre, et en plein jour, il n'est guère possible de se rendre compte des richesses artistiques qui la décorent. On l'a surnommée *Galerie des bustes*. En effet, voici, reproduits par le marbre, plusieurs des plus émérites artistes de la Comédie : Préville, Larive, Provost, Mmes Clairon, Sainval, Dangeville, Mars et Rachel. Voici encore, entre les bustes, les portraits de Talma, de Lekain, de Mmes Gaussin, Desmares, Mezerai et Mante.

Sur la gauche, en entrant dans cette

galerie, on trouve une petite pièce dite des *Travestissements,* ainsi nommée parce qu'elle sert de salon aux artistes qui n'ont qu'un léger changement à faire dans leur costume, d'un acte à un autre d'une même pièce, et qui peuvent éviter ainsi de remonter à leur loge. La salle des travestissements renferme les portraits de Mlle Mars, belle esquisse au crayon de Girardet; une autre esquisse d'après Talma; une magnifique sanguine reproduisant les traits d'Adrienne Lecouvreur et que me faisait récemment admirer, sur place, son donataire, M. Ph. de St-Albin, à qui la Comédie doit aussi, placée dans la même pièce, une gravure où se montre, au milieu d'attributs exagérés, Mlle Clairon dans le personnage de Médée. Citons enfin un portrait gravé de Garrick.

Je laisse de côté le magasin des accessoires et le garde-meubles, qui sont certainement les plus riches et les plus curieux, au point de vue de l'art, qui existent dans tous les théâtres de Paris et peut-être du monde entier, et, traversant de nouveau la galerie des bustes, je conduis le lecteur, par le palier du premier étage, où je lui ai déjà signalé le portrait de Rachel, dans le sanctuaire même de l'administration.

La porte, qui est à droite, donne accès à la salle du Comité, par une petite galerie également remplie de portraits et de dessins. C'est dans cette belle pièce, qui a vue à la fois sur la rue de Richelieu et sur la rue Saint-Honoré, que se font les lectures des ouvrages présentés, que se décident leur réception ou leur rejet, et qu'ont lieu les séances, toujours secrètes, du Comité, relatives aux affaires et à l'administration générale du théâtre.

Cette salle n'est pas moins ornée que celles que nous venons de parcourir. Nous y admirerons, tout d'abord, le splendide portrait de Regnard, par Rigaud, que la Comédie a reçu, en présent, de son ancien directeur, M. Arsène Houssaye.

Les portraits qui font suite, sont tous, d'ailleurs, de la plus haute valeur : Marivaux, de Vanloo ; Pigault-Lebrun, Picard, Alex. Duval, de Boilly ; Ducis, de Taunay ; le portrait si popularisé d'Alfred de Musset, par Landelle ; deux portraits des deux Corneille, d'après Le Brun, et enfin une miniature de Mlle Mars, par Boilly, la représentant dans son rôle de la *Jeunesse d'Henri V*.

Deux grandes toiles complètent cette magnifique décoration : ce sont la *Mort de Talma*, par Robert Fleury, et les *Caractères de la Comédie*, importante composition dans laquelle le peintre-comédien Geffroy, à qui le Théâtre-Français devra éternellement une double reconnaissance, a réuni tous les types classiques du genre comique en honneur sur notre première scène. Je signalerai encore le joli buste du bouffe Carlin, offert par son auteur même, l'illustre Pajou, à la Comédie-Française, et enfin le buste de Beaumarchais qui surmonte le meuble à vitrine, placé entre les deux fenêtres donnant sur la rue Saint-Honoré, œuvre originale d'un sculpteur inconnu, et qui a été découvert et acheté, moyennant un prix insignifiant, par l'excellent Provost chez un marchand de bric à brac. Cet élégant meuble à vitrine renferme aussi quelques merveilles qui touchent encore de près à la Comédie-Française : ce sont des réductions, en biscuit de Sèvres, de bustes d'artistes et d'écrivains, donnés par le maréchal Vaillant, alors ministre de la Maison de l'Empereur et des Beaux-Arts, et qui n'ont été reproduits qu'à un nombre infiniment restreint d'exemplaires.

La salle du Comité correspond, sur la gauche, par une petite porte avec le cabinet de l'administrateur général de la Comédie. Ici, encore, se continue le musée du théâtre, qui, je le répète, est disséminé un peu partout. Le cabinet de M. Perrin est éclairé sur la rue Saint-Honoré et il a son entrée officielle par une assez vaste antichambre où se tiennent son huissier et son garçon de bureau. Il est tendu de tapisseries à grands sujets mythologiques, et orné de médaillons, dus au pinceau de Lehman et représentant, en dessus de portes, Molière, Corneille et Racine. Des terres-cuites de Caffieri, des bustes de Mlle Leverd et de Lekain, et une statue de Corneille assis, d'après l'original de la ville de Rouen, achèvent cette simple et artistique ornementation.

En sortant de l'antichambre de M. Perrin, où l'on voit aussi un certain nombre de tableaux, on arrive au cabinet du secrétaire du Théâtre-Français, l'aimable M. Verteuil. Admirez, à la droite de son bureau, d'immenses et magnifiques gravures du Paris de Louis XIV; sur la cheminée, de jolies terres-cuites, un peu partout des portraits et des dessins. C'est dans ce petit cabinet, où tant de gens de lettres et d'artistes ont éprouvé, sans l'épuiser, la grâce et la complaisance du secrétaire, que sont conservés et confiés à son immuable discrétion, les registres qui contiennent les procès-verbaux des séances du Comité. Quelle source de renseignements précieux, de notes curieuses, d'incidents étranges, et aussi de querelles de boutique doivent renfermer ces registres ! Mais hélas, sur ce chapitre, l'incorruptible M. Verteuil est une bouche d'or qui demeure absolument close !...

A la porte même du Secrétariat de M. Verteuil, est un petit escalier qui conduit au cabinet du deuxième régisseur, à la salle des pièces du répertoire et à celle du souffleur.

Aux étages supérieurs, mais de l'autre côté du théâtre, et en y entrant par la porte située sous les galeries de la rue de Richelieu, du côté de la rue de Montpensier, nous trouvons successivement le cabinet du Contrôleur général, celui du Caissier et enfin les Archives et la Bibliothèque.

Les archives remontent à l'origine même de la Comédie. Elles possèdent d'abord, pour toute l'époque antérieure à 1680, date de la création officielle de la Comédie-Française, le Registre de Lagrange qui est, en quelque sorte, le journal de la vie dramatique de Molière, les registres de La Thorillière, et enfin des cahiers de comptes, recettes et dépenses, tous relatifs à la même époque.

A partir de 1680, jusqu'à nos jours, la Comédie a un registre journalier où sont relatés ses représentations et les événements les plus dignes d'être mentionnés et qui ont trait à son histoire quotidienne. Une seule interruption est à signaler dans cette suite complète de renseignements si précieux pour notre histoire dramatique en France : c'est celle qui survint forcément, lors de la dispersion de la Comédie en 1793 (1). A côté de ces inestimables registres, il faut citer encore la collection des manuscrits des pièces représentées ou des copies de ces manuscrits. Dans le nombre figurent de rares et curieux papiers, au premier rang desquels nous citerons ceux qui proviennent de Beaumarchais et dont nous avons donné l'analyse détaillée au 2e volume de notre édition déjà citée de son *Théâtre complet*. Je ne parle que pour mémoire, des autographes, des lettres, des manuscrits de toutes sortes et de toutes origines, — acteurs, auteurs, personnages divers et de toutes les conditions, — qui enrichissent les cartons des archives. Les murailles mêmes du cabinet de l'archiviste et de la longue galerie qui sert d'archives et de bibliothèque, sont couvertes des plus précieux souvenirs.

(1) On peut signaler encore la perte du registre de l'année 1740, qui a dû être égaré dans l'un des déménagements de la Comédie.

La bibliothèque n'existait pour ainsi dire pas, avant l'arrivée de l'archiviste qui est aujourd'hui en fonctions, M. Léon Guillard. C'est à son intelligente activité qu'elle doit ses richesses actuelles. Tout ce qui regarde le théâtre, et surtout le Théâtre-Français, figure sur les rayons de la bibliothèque de la Comédie. Certains auteurs illustres y sont même plusieurs fois représentés. On y peut compter les éditions de Molière « à la douzaine » et, ici, le terme populaire n'a rien d'exagéré puisque la bibliothèque de la Comédie ne possède pas moins de trente-deux éditions de l'immortel comique. Je ne veux pas dresser un catalogue : M. Guillard a l'intention de le composer lui-même, quelque jour, si sa santé le lui permet. Que tous ceux qu'il a obligés et servis, dans leurs travaux et dans leurs recherches, lui viennent en aide pour ce pénible labeur, et il sera bien vite accompli !

Nous quitterons les archives pour redescendre au grand foyer du public. Ici, l'histoire de la Comédie se présente à nous, depuis deux siècles, sous la forme de bustes qui reproduisent à nos yeux les auteurs les plus célèbres auxquels elle a dû son illustration et sa fortune. Le foyer se compose d'une longue et trop étroite galerie aboutissant à un salon carré qui a sa sortie sur le grand escalier par lequel on descend à la rue Saint-Honoré.

Ce salon carré date de la belle restauration du théâtre, en 1864. Le plafond est formé d'un immense médaillon entourant un ciel bleu légèrement nuagé; douze médaillons, peints en grisaille et de petite envergure, enguirlandent en quelque sorte la décoration principale. L'artiste y a figuré un certain nombre de personnages connus et de scènes marquantes, empruntées surtout à des comédies et à des tragédies d'auteurs du dernier siècle. Mais l'ornementation des deux foyers doit sa principale richesse à l'éclat des marbres qui le remplissent. Signalons tout d'abord la belle cheminée monumentale du salon carré, avec ses bronzes dorés et son bas-relief, où est représentée l'élite des artistes contemporains de la Comédie-Française. Dans ce même salon, dans la galerie qui lui fait suite, dans le grand escalier, et enfin dans les vestibules du rez-de-chaussée, se dressent, sur leur socle de pierre ou de bois simulant le marbre, les bustes des écrivains les plus illustres qui ont fait la gloire et l'honneur de la Comédie-Française, et dont voici la nomenclature complète (1) :

(1) Les dates qui accompagnent cette nomenclature indiquent l'époque de l'exécution de

1° SALON CARRÉ

Caffieri (1783). — Rotrou (Jean de);
— (1777). — Corneille (Pierre);
Houdon (1778). — Molière;
Foucou (1779). — Regnard;
Berruer (1781). — Destouches;
Caffieri (1775). — Piron;
Pajou (1781). — Dufresny;
Houdon (1778). — Voltaire (buste);
— (1781). — Voltaire (statue assise) (1);
Boizot (1779). — Racine;
Caffieri (1785). — La Chaussée;
D'Huez (1778). — Crébillon (2);
Caffieri (1785). — Corneille (Thomas).

2° GALERIE DU FOYER

Foucou (1782). — Dancourt;
Desbœufs (1842). — Le Sage;
Caffieri (1787). — Rousseau (J.-J.);
Lescorné (1853). — Diderot;
Gatteaux (1843). — Sedaine;
Caffieri (1771). — de Belloy;

l'œuvre. Ces dates sont précédées du nom du statuaire.

(1) L'un des plus admirables chefs-d'œuvre de la sculpture française.

(2) D'après le buste fait par Lemoyne, en 1760.

Mathieu-Meusnier (1852). — Beaumar-
chais;
Oliva (1868). — Colin d'Harleville;
Dubois-Davesne (Mlle Fanny) (1865).—
Scribe;
Mezzara (1867). — de Musset (Alfred);
Franceschi (1869). — Ponsard;
Clesinger (1851). — *la Tragédie* (statue en pied d'après Rachel).

3° PETITE GALERIE DU PARTERRE

Deux bustes sans date ni nom d'auteur;
Casimir Bonjour;
Beaumarchais;
Puis un buste de Marivaux portant la mention suivante :
« Offert à la Comédie-Française par Fauginet (1843) »,
Et un buste d'A. Chénier, par Etex (1839), avec cette mention, gravée sur la gauche du socle : « Hommage à la mémoire d'André Chénier. »

4° GRAND ESCALIER

Barre (1845). — Duval (Alexan-
dre);
Taunay (1812). — Ducis;
Carle Elshœct (1836). — Andrieux;
Dantan aîné (1838). — Picard.

5° PREMIER VESTIBULE

(Rue de Richelieu)

Trois statues faisant face au bureau du contrôle :

Duret (1857). — *la Tragédie;*
— (1857). — *la Comédie;*
David d'Angers (1837). — Talma (statue assise placée entre les deux statues de J. Duret).

6° DEUXIÈME VESTIBULE

(Rue St-Honoré)

Vilain (»). — Etienne ;
Lévêque (»). — Mme Emile de Girardin;
Fortin (1802). — Baron;
David d'Angers (1844). — Delavigne (Casimir) ;
David d'Angers (1845) — Chénier (M.-J.).

7° GRANDE ENTRÉE

(Rue St-Honoré)

Deux statues assises placées dans des niches faisant face, à droite et à gauche, au bureau du deuxième contrôle :

Duret (1865). — *la Comédie* (d'après Mlle Mars);

Gabriel Thomas (1865). — *la Tragédie* (d'après Mlle Rachel).

Au moment où j'écris ces lignes, un dernier buste vient d'être offert à la Comédie par son ancien régisseur général, M. Davesne. Ce buste est l'œuvre de sa fille, Mlle Fanny Dubois-Davesne, et représente « Marivaux » qui — par une lacune aujourd'hui heureusement comblée — n'avait pas encore sa place au grand foyer du Théâtre-Français.

FIN DU TOME PREMIER.

Imp. Richard-Berthier, pass. de l'Opéra, 18-19

TABLE

		Pages
I.	La Comédie-Française de 1680 à 1687	1
II.	— de 1687 à 1770	7
III.	— de 1770 à 1782	16
IV.	— de 1782 à 1804	21
V.	— de 1804 à 1830	32
VI.	— de 1830 à 1852	37
VII.	— de 1852 à nos jours	51
VIII.	Promenade artistique à l'intérieur de la Comédie-Française	66

www.ingramcontent.com/pod-product-compliance
Lightning Source LLC
Chambersburg PA
CBHW070202230526
45471CB00002B/778